1

Taiji-Qigong in 22 Schritten

Hartmut von Czapski

Fotografien von Ellen von Czapski
und Hartmut von Czapski

Taiji-Qigong in 22 Schritten

Hartmut von Czapski

Impressum

Bibliografische Information der Deutschen Nationalbibliothek:
Die Deutsche Nationalbibliothek verzeichnet diese Publikation in der Deutschen Nationalbibliografie; detaillierte bibliografische Daten sind im Internet über http://dnb.dnb.de abrufbar.

Herstellung und Verlag: BoD – Books on Demand, Norderstedt

ISBN: 9783749469413

Inhaltsverzeichnis

Vorwort

Diese Übungen beruhen auf den Theorien und Übungsreihen von Dr. Zhang Guilan(18 Taiji Qi Gong Stellungen), Prof. Li Ding, Bambang Sutomo(28 Taiji Qi Gong Stellungen) und Dr. Jiang Hao-Quan(die 8 grundlegenden Tai Chi Stellungen).

Man kann die Übungsreihe in 2 Abschnitte einteilen. Übung 1-10 und 11-21. Übung 1-3 sollte man immer zusammen üben. Übung 22 ist die Abschlussübung „Öffnen und Schließen". Sie sollte am Ende jeder Übungsfolge praktiziert werden.

Die schwierigsten Übungen(10 und 21) habe ich jeweils an den Schluß jeden Abschnitts gesetzt. Sie brauchen längere Zeit der Übung um harmonisch fließend und doch korrekt, ausgeführt zu werden. Man kann sich auch, je nach Bedarf, einzelne Übungen in sein tägliches Programm wählen. Gerade die Übungen die einem am schwersten fallen, sollte man üben um Blockaden aufzulösen. Bei allen Qi Gong Übungen sollte man seine körperlichen Grenzen beachten und langsam ausweiten. Als Anfänger ist es ratsam zuerst die Körperbewegungen zu üben und dann die Atmung hinzuzunehmen. Die Atmung bewegt die Energie im Körper.

Qi Gong ohne die korrekte Atmung nennt man „leeres Qi Gong". Es ist dann nicht mehr als Gymnastik. Die innere Energielenkung bedarf meistens längerer Übung.

Bei den Handbewegungen sollte man sich auf die Laogong Punkte in den Handflächen konzentrieren.

Die Wirkungen des Taiji-Qigong sind vielfältig:(In Klammern Beispielübungen)

Die erhöhte Sauerstoffaufnahme und die verstärkte Durchblutung wirkt sich auf alle Zellen des Körpers aus, besonders auf das Gehirn und somit auf das Gedächnis.(9, 10, 15)

Der Schlaf ist besser, aber die Tagesenergie wird erhöht. (Grundstand, 10, 14)

Die vertiefte Atmung wirkt sich positiv auf Herz und Lungen aus. Das EKG wird verbessert. (2, 4, 7, 8, 11, 15, 18, 19, 20)

Das Immunsystem wird gestärkt. (5, 11, 18)

Die Verdauungsorgane werden in ihrer Funktion gefördert. (6, 11, 12, 13, 14, 15)

Das vegetative Nervensystem wird ausgeglichen, der Geist beruhigt.(Grundstand, 1, 6, 10, 11, 12, 13, 14, 18, 20, 21)

Krankheiten der Fortpflanzungsorgane werden vorgebeugt. (21)

Alle Gelenke und die Wirbelsäule werden geschmeidiger und beweglicher.(3, 4, 6, 7, 8, 9, 11, 16, 21, 18, 19)

Über die Person

Hartmut von Czapski

Heilpraktiker seit 1984. Seit 1987 Ausübung der Akupunktur(Lehrerin Fr. Dr. Li Te, Chefärztin der Nankei Klinik). Mehrere Aufenthalte in China mit Fachfortbildungen.

1987 Wissenschaftliche Weiterbildung der Uni. Tübingen bestanden: „Ökologie und ihre biologischen Grundlagen".

Seit 1990 Seminare, Yoga und Qi Gong Kurse an verschiedenen V.H.S. der Umgebung. U.a. 25 Jahre Tätigkeit an der V.H.S. Wesel. Seit 1990 weit über 1000 Qi Gong Unterrichtsstunden abgehalten.

Qi Gong Lehrer 49009 des Mi Gong Rulai Buddhistisches Zentrum für Qi Gong, Shanghai.

Ausbildung zum Qi Gong Therapeuten durch Prof. Wu, Shanghai.

Vorträge bei verschiedenen Fachmessen und in der Erwachsenenbildung über medizinische Themen und die T.C.M.

1999 Akupunktur-Fachfortbildung für Zahnärzte; Lehrertätigkeit an der HP Schule Dinslaken, Kurse über verschiedene Therapien(Homöopathie, Ausleitungs-verfahren, FRZM, u.a.).

Unterrichtete Qi Gong Formen:

Medizinisches Qi Gong nach Prof.Wu.

Taiji-Qigong nach Li Ding.

Zehn Meditationen auf dem Berg WU DANG.

Die Achtzehnfache Methode der Übung.

Die „Bewegungen der 5 Tiere".

Qi Gong nach Guo Lin zur Immunstärkung.

Die „Acht eleganten Übungen. "

Wai Dan Gong

Tai Chi für Anfänger nach Dr. Jiang Hao-quan.

Und vieles mehr.

Qi Gong

Der Begriff "Qi Gong" umfasst verschiedene Arten von Übungen um das "Qi", die Lebensenergie, aufzunehmen und in den Energieleitbahnen, den so genannten "Meridianen", fließen zu lassen. Es ist eine Substanz, die man normalerweise nicht sehen und nicht tasten, aber fühlen kann. Die alten chin. Philosophen dachten, dass Qi eine Ursprungssubstanz ist, die beim Urknall entstand.

Nach der chin. med. Auffassung ist Qi eine kontinuierlich bewegte und aktive Substanz, die Grundsubstanz, aus der Körper entstehen. Qi erhält die menschlichen Lebensfunktionen. Nach der Definition ist Qi im Qi Gong eine "Essenz"- Substanz im Körper mit einer bestimmten Energie. Qi kann im Körper gebildet, entwickelt, umgewandelt und bewegt werden. Die Atmung bewegt die Energie in den Meridianen. Aber auch nach langer Übung des Qi Gong kann man das Qi mit dem Geist im Körper bewegen und aufnehmen.

Diese Körper- und Atemübungen haben eine mindestens 4000 Jahre alte Tradition in China, wie man durch Beschreibungen auf Grabbeigaben feststellen konnte. Man unterscheidet die verschiedensten Arten von Übungen. Einerseits das weiche Qi Gong, dass viele meditative, auf der

Vorstellungskraft beruhende Elemente enthält und oft im Sitzen oder Liegen durchgeführt wird. Andererseits kennen wir das harte Qi Gong, das auch die Muskulatur und die Sehnen stärkt und die inneren Organe massiert. Man denke z.B. an die Leistungen der Shaolin Mönche im Kung Fu oder an die akrobatischen Fähigkeiten der Schauspieler der Peking Oper. Doch Qi Gong Übungen stärken nicht nur den Körper, sondern beruhigen auch den Geist und regulieren das vegetative Nervensystem.

Eine besondere Form ist das therapeutische Qi Gong, das bestimmte Übungen bei bestimmten Erkrankungen vorschreibt. Wie jede empirische Wissenschaft wird Qi Gong auch immer weiterentwickelt. So wurden in den letzten Jahrzehnten z.B. bestimmte neue Übungen zur Krebsbekämpfung durch ihre guten Erfolge berühmt(Qi Gong nach Guo Lin zur Immunstärkung). Das Bluthochdruckforschungsinstitut Shanghai hat bereits 1978 Arbeiten mit Berichten über Veränderungen veröffentlicht, die Qi Gong im EKG und EEG bewirkt. Es wurden weiterhin Arbeiten darüber veröffentlicht, dass unser sympathisches Nervensystem, das durch dauernden Stress überaktiv ist, durch Qi Gong eine Entspannung durch Überwiegen des Parasympathikus erreicht. In China gibt es in vielen Krankenhäusern, neben der Abteilung für Schulmedizin eine Abteilung für traditionelle chinesische Medizin. Dazu gehört auch der Behandlungsraum für den Qi Gong Therapeuten. Hier werden dem Patienten nicht nur Übungen beigebracht die er zuhause regelmässig üben soll, der Therapeut führt dem Patienten auch Energie zu, die er selber aufgenommen hat.

Die Ausbildung zum Qi Gong Therapeuten ist normalerweise langwierig. Nach 5 Jahren Übung kann man Qi Gong Übungen lehren, nach 10 Jahren auch mit Qi therapieren. Herr von Czapski ist von Prof. Wu zum Qi Gong Therapeuten ausgebildet worden.

Wichtige Energiezentren

Hui Yen, KG1. In der Mitte des Damms, zwischen Anus und Geschlecht.

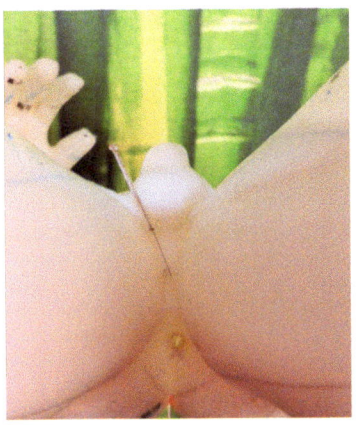

"Echtes" Dantian. Liegt zwischen Bauchnabel und Wirbelsäule.

Unteres Dantian, etwa 2 Querfinger breit unter dem Bauchnabel. Ca. auf Höhe des Akupunktur Punktes" Qi Hai", Meer der Energie.

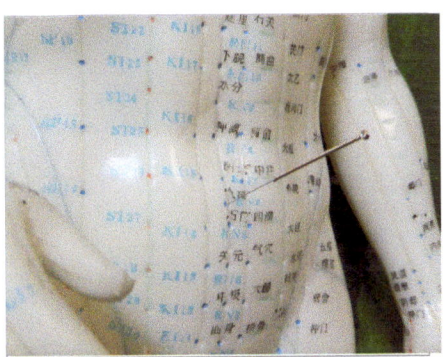

<u>Mittleres Dantian</u>, Herzzentrum. Auf Höhe einer Kuhle auf dem Brustbein, zwischen den Brustwarzen. Tan Zhong (KG17).

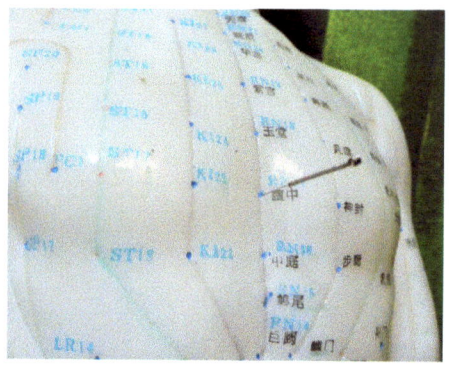

<u>Oberes Dantian</u>, Yintang. Zwischen den Augenbrauen, kurz über der Nasenwurzel.

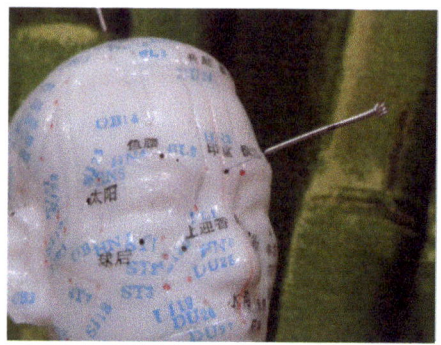

Energie Aufnahme und Abgabe Punkte

<u>Yongchuan</u>. Wenn wir die Zehen "in den Boden krallen" entsteht eine Kuhle unterhalb der Grundzehengelenke. Punkt Niere 1.

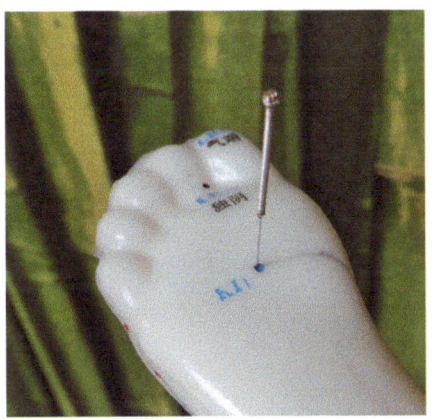

<u>Laogong.</u> Wenn wir die Fingerspitze des Ringfingers in die Handinnenfläche kippen, kommen wir zu diesem Punkt.

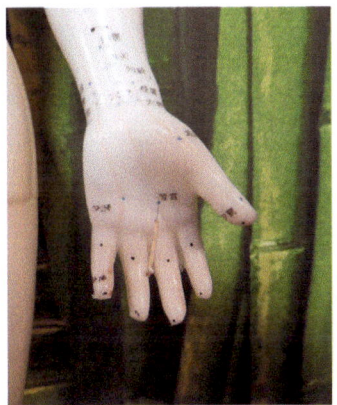

<u>Bai Hui.</u> In der Mitte einer gedachten Linie zwischen den Ohrspitzen in einer kleinen Kuhle gelegen.

<u>Mingmen.</u> Wenn man die Zeigefinger Oberkanten unter den hinteren Rippenbogen legt und die Daumen Richtung Wirbelsäule streckt, kommt man mit den Daumenspitzen zum Mingmen Punkt auf der Wirbelsäule.

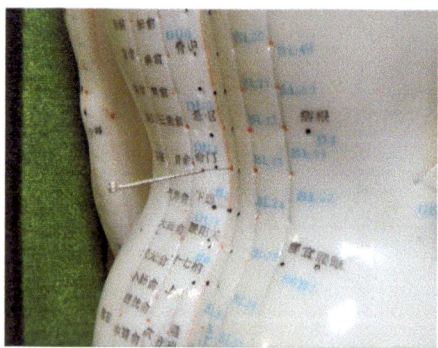

Die Atmung

Die Atmung sollte ruhig und regelmässig, tief aber entspannt und harmonisch fließen. Durch die Nase einatmen, durch den Mund ausatmen. Allgemein kann man sagen: vom Körper weg: ausatmen, zum Körper hin : einatmen. Bewegung nach oben: einatmen, Bewegung nach unten : ausatmen.

Grundstand

Füße schulterbreit und parallel hinstellen.

Knie etwas anwinkeln, aber nicht über die Fußspitzen hinaus.

Das Becken nach vorne unten kippen, sodass sich die Lendenwirbelsäule begradigt. Bei Menschen mit einem Hohlkreuz ist dies oft am Anfang schwierig, der Oberkörper neigt sich nach hinten. Dies sollte begradigt werden.

Die Wirbelsäule sollte so gerade wie möglich sein.

Das Kinn wird leicht gesenkt, die Halswirbelsäule wird gestreckt.

Alle Nervenimpulse können freier fließen.

Die Schultern zurücknehmen, dann die Arme locker hängen lassen. Die Schultern entspannen. Die Ellbogen leicht zur Seite bewegen. Dadurch entsteht etwas Platz in den Achselhöhlen.

Die Hände sind nicht gestreckt, locker, aber in den Handflächen leicht gespannt um Energie aufzunehmen. Leichte, unwillkürliche Bewegungen der Finger sind bei der Energieaufnahme ein gutes Zeichen.

Wir können uns vorstellen, dass die Füße, wie Wurzeln eines Baumes, in die Tiefe reichen. Der Oberkörper ist beweglich wie die Äste eines Baumes ohne die oben beschriebene Grundposition aufzugeben.

Versuchen Sie zur Ruhe zu kommen, die Natur und die Lebensenergie in ihr, in sich aufzunehmen. Dazu sollte die innere Geisteshaltung sein wie ein leerer weißer Raum.

Der Grundstand sollte vor und evtl. auch zwischen den Übungen für 1-2 Minuten eingenommen werden, um die Wirkung zu erspüren.

Taiji-Qigong

1) Anfangsschritt und Atemanpassung

Füße schulterbreit stellen, parallel zueinander. Becken nach vorne kippen. Knie locker.

Mit dem Einatmen die Knie durchstrecken und die Arme vor der Brust heben bis auf Herzhöhe. Handflächen nach unten. Mit dem Ausatmen die Knie leicht senken und die Arme senken bis auf Unterbauch Höhe.

Ruhige, langsame, tiefe Atmung.

27

2) Öffnen der Brust

Füße schulterbreit stellen, parallel zueinander. Becken nach vorne kippen. Knie locker.

Mit dem Einatmen die Knie durchstrecken und die Arme vor der Brust heben bis auf Herzhöhe. Handflächen gegeneinander gerichtet.

Handflächen zur Brust richten und ausatmen.

Hände zur Seite, hinten ausstrecken, Brust weiten und tief einatmen.

Ausatmen, Hände ausgestreckt nach vorne und unten bewegen.

Bewegung 8 x wiederholen.

3) Tanzen mit dem Regenbogen

Füße schulterbreit stellen, parallel zueinander. Becken nach vorne kippen. Knie locker.

Mit dem Einatmen die Knie durchstrecken und die Arme vor der Brust heben bis auf Herzhöhe. Handflächen gegeneinander gerichtet.

Ausatmen, die Arme ausstrecken bis auf Schulterhöhe, Handflächen nach oben. Kopf nach oben richten.

Kopf geradeaus richten. Den linken Fuß auf den Zehenspitzen 30° nach links drehen. Auf den Zehenspitzen aufsetzen. Gleichzeitig die Hüfte in die gleiche Richtung drehen. Das Gewicht liegt auf der rechten Seite. Rechts bleiben die Zehenspitzen nach vorne gerichtet.

Dabei die rechte Hand heben bis Laogong ca. 15 cm über Bai Hui steht.

Bei dieser Bewegung atmen wir ein bis die Hand den Höhepunkt des Bogens erreicht, bei der Abwärtsbewegung Richtung Bai Hui atmen wir aus.

Nun Seitenwechsel. Die rechte Hand wird nach rechts auf Schulterhöhe ausgestreckt. Handfläche nach oben. Gleichzeitig die linke Hand bis über Bai Hui bewegen. Bei dieser Bewegung ein- und ausatmen.

Dabei das Standbein nach links wechseln. Der linke Fuß wird wieder nach vorne gedreht. Den rechten Fuß auf den Zehenspitzen ca.30° nach rechts drehen. Die Hüfte nach rechts drehen.

8 x jede Seite.

32

4) Die Wolken mit schwingenden Armen zerteilen

Die Arme rechts und links auf Schulterhöhe ausstrecken. Handflächen nach oben. Einatmen.

Arme schwingen nach unten. Handflächen Richtung Körper. Ausatmen.

Knie beugen, Rücken gerade.

Handgelenke kreuzen, rechter Arm oben. Arme gekreuzt hochheben und einatmen. Dabei die Knie fast durchstrecken.

Arme nach rechts und links ausbreiten und abwärts bewegen, dabei ausatmen. Die Knie beugen. Handgelenke kreuzen, rechter Arm oben. Arme gekreuzt hochheben und einatmen. Dabei die Knie fast durchstrecken.

35

5) Rückrollen des Oberarms

Aus der ausgeatmeten Position der letzten Übung aufrichten und den rechten Arm nach rechts hinten drehen. Dabei die Hüfte nach rechts bewegen. Der linke Arm ist nach vorne gestreckt. Beide Arme auf Schulterhöhe ausgestreckt. Dabei einatmen.

Beim ausatmen die hintere, rechte Hand am Ohr vorbei nach vorne vor den Oberkörper bewegen sodaß die Handfläche nach unten weist. Dabei gleichzeitig die vordere, linke Hand schalenförmig vor den Unterbauch halten sodas die obere und untere Hand eine imaginäre Kugel halten.

Die Hüfte dreht sich dabei wieder gerade nach vorne.

Beim einatmen die Hüfte in die andere Richtung drehen. Die untere Hand nach hinten strecken, die obere nach vorne. Ausatmen s.o.

6) Rudern in der Mitte des Sees

Beide lockere Fäuste vor beide Schultern halten. So als hielten wir 2 Ruder. Dabei einatmen.

Beim ausatmen die Knie beugen, die Hände öffnen, so als würden wir nach etwas greifen das sich aussen neben den Knien befänd. Dabei den Rücken gerade halten.

Beim einatmen wieder aufrichten, die Fäuste locker schliessen und vor die Schultern halten, Ellbogen anlegen.

40

7) Einen Ball vor die Schulter halten

Beim einatmen nach links drehen, die rechte Hand Schalen förmig vor die linke Schulter halten, so als hielten wir einen Ball vor die Schulter. Die linke Hand hängt locker herab. Der rechte Fuß wird auf den Zehenspitzen nach vorne gedreht. Das rechte Knie wird dabei durchgedrückt. Von der rechten Ferse bis zur linken Schulterspitze bildet sich eine schräge Linie.

Beim ausatmen zurückdrehen in die Ausgangsstellung. Arme locker hängen lassen.

8) Nach dem Mond schauen

Die Bein- und Körperbewegung ist genauso wie in der letzten Übung.

Die Arme werden jedoch mit dem Einatmen nach schräg oben gestreckt, so als hielten wir den Mond zwischen den Händen. Die Daumen sind dabei abgespreizt. Der ganze Körper ist dabei gestreckt.

Mit dem Ausatmen wieder in die Ausgangsposition zurückdrehen. Arme locker lassen. 4 x jede Seite.

9) Hüfte drehen und Handflächen schieben

Füße schulterbreit stellen, parallel zueinander. Becken nach vorne kippen. Knie locker.

Die Daumen mit den Fäusten umschließen, mit der Faustinnenseite nach oben, auf die Beckenknochen legen.

Beim Einatmen das Becken nach links drehen, die rechte Faust nach vorne schieben; bis zur Hälfte der möglichen Streckbewegung.

Beim Ausatmen die Faustinnenseite nach vorne drehen und schieben, dabei die Hand öffnen.

Bem Einatmen die vorige Bewegung rückwärts machen; bis zur Hälfte der möglichen Streckbewegung.

Beim Ausatmen die Faust wieder auf die Beckenknochen legen.

Beim Einatmen das Becken nach rechts drehen, die linke Faust vorstrecken wie oben.

Beim Schieben der Faust nach vorne sollte der Oberarm und der Oberkörper einen rechten Winkel bilden. Die Schultern nicht nach vorne drehen und der Rücken sollte gerade bleiben.

Es kommt auf die innere Kraft an, nicht auf die äussere. Auf Laogong konzentrieren. 4 x jede Seite.

44

10) Reitende Haltung mit Handbewegung in den Wolken

Füße etwas breiter als schulterbreit stellen, parallel zueinander. Becken nach vorne kippen. Knie locker.

Die rechte Hand bewegt sich vor das Gesicht, die Fingerspitzen auf Augenhöhe, etwa eine Handlänge vom Gesicht entfernt. Die Ellbogen nicht zu hoch heben. Die Augen folgen den Fingerspitzen.

Die linke Hand schiebt am Unterbauch entlang zur rechten Seite.

Das Gewicht verlagert sich dabei auf das rechte, angewinkelte Bein, die Hüfte dreht sich etwas nach rechts. Dabei einatmen.

Die rechte, obere Hand seitlich der Schulter, umdrehen und die Handfläche nach unten drücken. Dabei ausatmen.

Die linke Hand bewegt sich gleichzeitig nach oben vor das Gesicht, Fingerspitzen auf Augenhöhe.

Die rechte Hand schiebt am Unterbauch vorbei. Die linke Hand bewegt sich, am Gesicht vorbei, neben die linke Schulter. Die Hüfte dreht sich leicht nach links, das Gewicht verlagert sich auf das linke Bein. Dabei einatmen. Bei dieser Übung nur durch die Nase atmen. Mindestens 4 x zu jeder Seite, oder solange es sich gut anfühlt.

Diese Übung sollte harmonisch fließen, von rechts nach links und links nach rechts. Bis dies erreicht ist, bedarf es für die meisten Schüler langer Übung.

Reguliert das vegetative Nervensystem, beinflußt die Atmung und den Blutdruck positiv. Die Hüften werden massiert.

Für den Anfänger ist es ratsam diese 10 Formen zu üben bevor man sich den folgenden zuwendet. Die ersten 3 sollten immer zusammen geübt werden, die anderen kann man auch einzeln oder in anderer Reihenfolge üben. Zum Schluß sollte man Übung 22 „Öffnen und Schließen" durchführen.

49

11) Aus dem Meer fischen und zum Himmel blicken

Aus dem Grundstand heraus den linken Fuß eine Fußlänge nach vorne setzen. Die Ferse des linken Fußes ist auf gleicher Höhe wie die Fußspitze des rechten Fußes. Die Füße stehen schulterbreit auseinander.

Wir bewegen die Hände nach vorne unten, vor das linke Knie und legen die Handgelenke übereinander. Dabei ausatmen.

Die gekreuzten Arme nach oben heben und das Gewicht auf das hintere Bein verlagern. Der Blick folgt den Händen nach oben. Dabei einatmen.

Die Arme lösen sich über dem Kopf voneinander und bewegen sich seitlich im Bogen nach vorne unten vor das linke Knie, verbunden mit der Gewichtsverlagerung nach vorne. Dabei ausatmen.

7 x.

Mit einer Ausatmung den linken Fuß zurücksetzen und mit einer Einatmung den rechten Fuß nach vorne setzen. Die Übung auf der rechten Seite wiederholen.

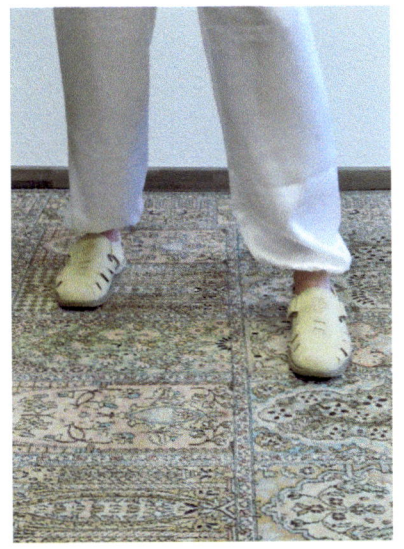 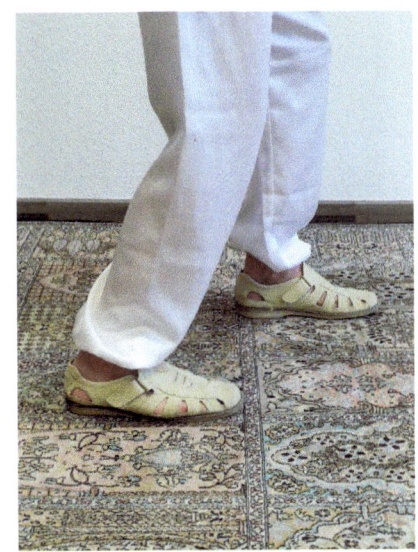

12) Qi Regulierung bei Aufwärts- und Abwärtsbewegung

Grundstand. Die lockere, rechte Hand in der linken Axillarlinie nach oben führen. Dabei einatmen. Die linke Hand hängt locker herab.

Auf Schulterhöhe die Handfläche nach oben drehen und die Hand weiter über den Kopf bewegen. Dort die Hand wieder umdrehen und vor der vorderen Mittellinie des Körpers nach unten führen. Handfläche zum Körper gerichtet. Dabei ausatmen. Das Qi folgt der Hand. Konzentration auf Laogong. Beim Ausatmen folgt das innere Qi der Senkung der Hand.

Diese Übung wirkt sehr beruhigend auf das Nervensystem und den Blutdruck. Kann bei Wechseljahresbeschwerden hilfreich sein. Es beruhigt auch das Magen-Darmsystem.

13) Wellen vorwärtstreiben

Grundstand, dann linken Fuß schulterbreit eine Fußlänge nach vorne setzen. Nur auf der Ferse aufsetzen. Das Gewicht ist auf dem rechten angewinkeltem Bein. Der Oberkörper neigt sich leicht nach hinten, die Arme werden angewinkelt , lockere Fäuste vor die Brust halten.

Faustinnenseite nach vorne. Dabei einatmen.

Beim Ausatmen das Gewicht nach vorne auf den linken Fuß verlagern, der jetzt ganz aufliegt, und die geöffneten Hände rechts und links des linken Knies nach unten drücken.(Die kleine Welle).

Beim Einatmen beide Hände nach vorne und oben bewegen. Gewicht stark nach vorne verlagern, dann nach hinten verlagern. Gewicht ganz rechts, links nur die Ferse aufsetzen.

Die große Welle kommt auf uns zu und fließt am Körper nach unten.

Beide Hände drücken an der Vorderseite des Körpers nach unten.

Begleitet von einer Ausatmung.

Lockere Fäuste formen und vor den Oberkörper ziehen. Dabei einatmen. Siehe oben.

4 x die kleine und große Welle, dann Seitenwechsel. Den rechten Fuß vorsetzen und die gleichen Bewegungen, wie oben beschrieben, durchführen.

58

14) Die Brust und den Bauch mit Qi besänftigen

Grundstand. Den rechten Ellbogen nach aussen anwinkeln. Die lockere rechte Hand rechts neben dem Körper hochführen. Dabei einatmen.

Über der Schulter dreht sich die Handfläche in Richtung des Gesichts.

Der Kopf dreht sich leicht nach links.

Ausatmen bei der Abwärtsbewegung der Hand.

Die Hand streicht in geringem Abstand über das Gesicht zum Brustbein, dreht sich auf Magenhöhe nach unten. Der Kopf dreht sich wieder nach vorne. In der Mittellinie die Hand nach unten drücken und schließlich entspannt zur Seite führen. Bei der Abwärtsbewegung auch innerlich von oben bis unten entspannen. Mindestens 4 x rechts, dann die gleiche Anzahl mit der linken Hand durchführen.

Wirkt sehr beruhigend, auch auf die Bauchorgane.

15) Fliegende Taube breitet ihre Flügel aus

Aus dem Grundstand heraus den linken Fuß eine Fußlänge nach vorne setzen. Die Ferse des linken Fußes ist auf gleicher Höhe wie die Fußspitze des rechten Fußes. Die Füße stehen schulterbreit auseinander.

Gewicht nach hinten auf den rechten Fuß verlagern, den Oberkörper leicht nach hinten beugen. Einatmen und beide Arme ausbreiten.

Handflächen nach vorne.

Beim Ausatmen das Gewicht nach vorne, auf den linken Fuß verlagern.

Beide Hände , wie zwei Schwingen, nach vorne zusammenführen.

Beim Einatmen das Gewicht nach hinten verlagern. Alle Fingerspitzen (Federn) bewegen sich auf das Herz zu.

Die Fingerspitzen streichen über die Brust nach aussen, die Arme breiten sich auf Schulterhöhe aus. Die Schwingen entfalten sich begleitet von einer Einatmung. S.o.

Mindestens 4 x, dann den anderen Fuß vorsetzen und die Übung in gleicher Weise durchführen.

64

16) Zwei Drachen schlingen sich um die Säule

Zwei lockere Fäuste formen. Die rechte Hand schlägt gegen die linke Brust, die linke Faust schlägt leicht, mit der Rückseite, nach hinten auf die rechte Niere. Dabei einatmen und Knie durchstrecken.

Beim Ausatmen etwas tiefer in die Knie gehen. Beide Hände lösen sich, wechseln dabei ihre Position.

Mit dem Einatmen strecken wir die Knie wieder mehr durch. Die rechte Faust schlägt leicht, mit der Rückseite, auf die linke Niere. Die linke Hand schlägt leicht auf die rechte Brustseite.

Abwärts- und Aufwärtsbewegung mit geradem Rücken. Nur leichte Seitwärtsdrehungen.

17) Einen Ball aufspringen lassen

Während man die linke Hand hebt, hebt sich das rechte Knie bis zum rechten Winkel. Dabei einatmen. Beim Senken von Hand und Knie ausatmen.

Dann die rechte Hand und das linke Knie heben und einatmen. Beim Senken von Hand und Knie ausatmen.

Mehrmals links und rechts abwechseln.

Die Körperkoordination wird gefördert. Knie- und Hüftbeschwerden wird vorgebeugt.

69

18) Fliegende Wildgans

Beide Füße nebeneinander stellen, beide Hände seitwärts hochheben wie die Schwingen einer Wildgans, beide Handrücken über dem Kopf fast zusammenführen. Dabei auf die Zehen stellen und tief einatmen.

Beim Senken der Hände und der Füße ausatmen. Knie etwas senken.

19) Das sich drehende Schwungrad

Beide Arme nach vorne hängen lassen, nach links Schwung nehmen, dann nach rechts oben schwingen, über den Kopf zur linken Seite.

Bei der Aufwärtsbewegung einatmen. Bei der Abwärtsbewegung ausatmen.

Unten etwas nach rechts schwingen, dann wieder nach links oben, über den Kopf nach rechts unten. Nach links Schwung holen, dann wieder nach rechts oben schwingen.

Also keine Kreisbewegung durchführen, sondern abwechselnd nach rechts und links schwingen.

74

20) Die Faust zum Angriff heben

Grundstellung einnehmen. Beide Fäuste auf die Beckenknochen legen. Innenseite nach oben. Jede Armbewegung kann man in 4 Schritte unterteilen.

Einatmen und die Faust mit der Innenseite nach oben bis auf die Hälfte der Armstreckung, nach vorne schieben.

Ausatmen, die Faust umdrehen und mit der Faustinnenseite nach vorne schieben.

Dabei den Oberkörper nicht verdrehen. Der Arm ist auf Schulterhöhe nach vorne gestreckt. Nicht die äussere Kraft, sondern die innere Kraft ist entscheidend. Konzentration auf die Laogong Punkte.

Einatmen und die Faust zurücknehmen.

Ungefähr auf der Hälfte der Strecke die Faust umdrehen und ausatmen und auf den Beckenknochen ablegen. Die Faustinnenseite weist wieder nach oben.

Während Sie die eine Faust zurücknehmen, stoßen Sie mit der anderen vor und führen die gleiche Bewegung auf der anderen Seite durch. Im harmonischen Wechsel.

21) Den Schwanz des Spatzen von links und rechts fassen

Gewicht auf das rechte, angewinkelte Bein verlagern. Den linken Fuß auf den Zehenspitzen neben den rechten Fuß aufsetzen.

Die Hände halten einen imaginären Ball. Die rechte Hand oben, die linke unten auf Dantian Höhe. Dabei einatmen

Einen Schritt zur linken Seite machen, Gewicht nach links, gleichzeitig die linke Hand nach links ausstrecken. Die linke Hand mit der Handfläche zum Gesicht gerichtet. Wir blicken auf die Spitze des Mittelfingers. Die rechte Hand nach unten und rechts streifen. Der Daumen bleibt auf der Gürtellinie.

Dabei ausatmen.

Die linke Hand nach unten drehen. Die rechte Hand holt die linke Hand ab. So als hielte man einen kleinen Ball. Beide Hände zum Dantian führen. Dabei einatmen. Gewicht nach rechts.

Die rechte Hand wird nach rechts ausgestreckt. Die Augen folgen der Handbewegung, die Hüfte dreht sich nach rechts. Die linke Hand bleibt vor dem Dantian stehen.

Die rechte Hand auf Augenhöhe nach links drücken. Dabei ausatmen. Das Gewicht nach links verlagern. Die Hüfte dreht sich etwas nach links. Wenn die Hand fast am Gesicht vorbeikommt, die linke Hand auch auf Augenhöhe heben. Die rechte Hand drückt die linke Hand nach links, ohne sie zu berühren.

Die rechte Hand streicht über die linke Hand. Dann bewegen sich beide Handrücken zur Brust begleitet von einer Einatmung. Das Gewicht wird zurück auf das rechte Bein verlagert.

Beide Hände wieder nach links oben schieben auf Gesichtshöhe. Dabei ausatmen und das Gewicht nach links verlagern.

Die rechte Hand in weitem Bogen nach oben, rechts und unten bewegen. Gewicht nach rechts verlagern. Den linken Fuß zurücksetzen neben den rechten. Dabei einatmen.

Einen Ball vor das Dantian halten. Die rechte Hand nach unten, die linke nach oben. Gewicht nach links, rechten Fuß auf den Zehenspitzen aufsetzen.

S.o. Einen Schritt nach rechts setzen und nach rechts ausstreichen und ausatmen...

Eine nicht ganz leichte Übung. Anfänger sollten zuerst die Bewegungsfolge üben, später die korrekte Atmung durchführen.

Allgemein kann man sagen: Handbewegung vom Körper weg: ausatmen, zum Körper hin : einatmen.

81

83

22) Öffnen und Schließen

Als Abschluss sollte man 3 mal die Arme zur Seite ausbreiten und dabei einatmen; beim Ausatmen die Hände zur Brust führen.

Wir richten die Handflächen nach unten, drücken die Hände vor dem Körper nach unten, gehen dabei in die Knie. Den Rücken gerade halten. Dabei ausatmen.

Mit einer schöpfenden Bewegung drehen wir die Handflächen nach oben und heben die Hände bis zum Herzen, dabei einatmen.

Diese Bewegung 3 mal durchführen.

86